まちごとチャイナ

Hong Kong 007 Lantauisland
ランタオ島と島嶼部

天壇大佛と「洋上の島々」

Asia City Guide Production

【白地図】香港

CHINA
香港

【白地図】ランタオ島と島嶼部

CHINA
香港

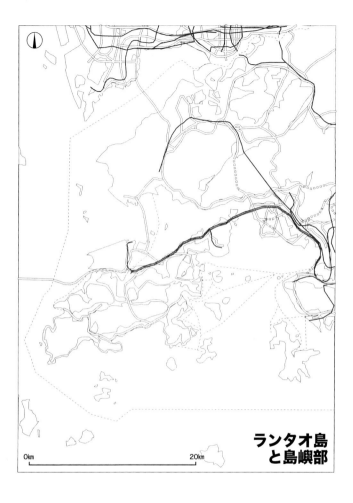

【白地図】機場香港国際空港

CHINA
香港

機場
香港国際空港

Lantau island 白地図

【白地図】港珠澳大橋

CHINA
香港

港珠澳大橋

Lantauisland

白地図

【白地図】ランタオ島西部

CHINA
香港

ランタオ島西部

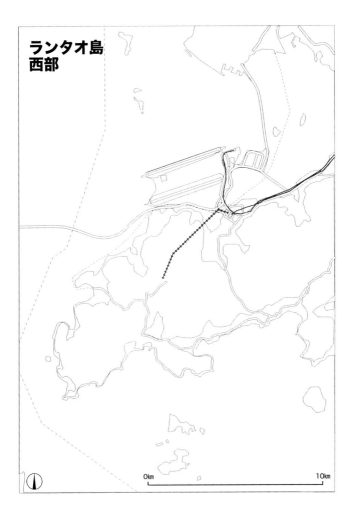

Lantauisland 白地図

【白地図】ゴンピン昂坪

CHINA
香港

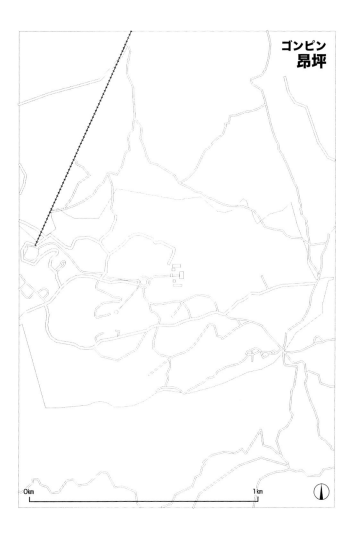

【白地図】タイオー大澳

CHINA
香港

【白地図】ランタオ島東部

CHINA
香港

ランタオ島東部

Lantau island

白地図

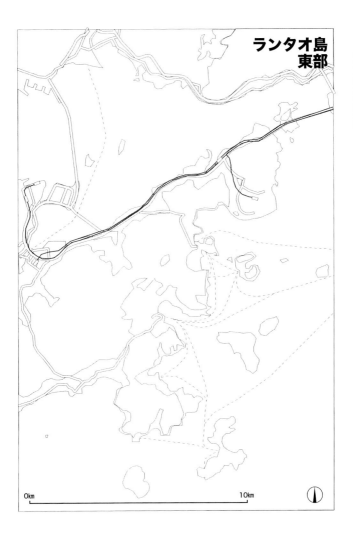

【白地図】迪士尼香港ディズニーランド

CHINA
香港

香港ディズニーランド
迪士尼

Lantauisland

白地図

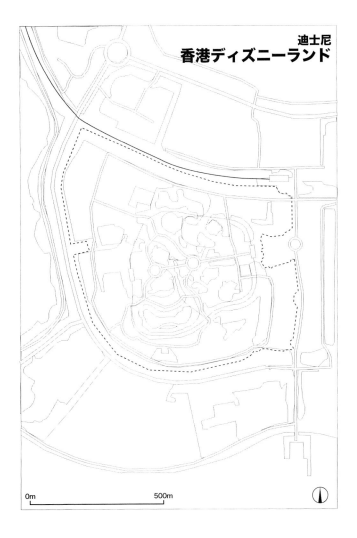

0m　500m

【白地図】チュンチャウ島長洲島

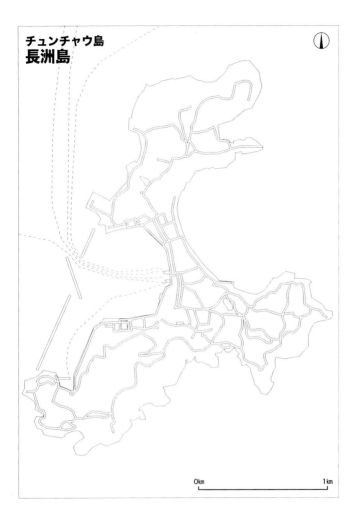

【白地図】チュンチャウ島中心部長洲島中心部

CHINA
香港

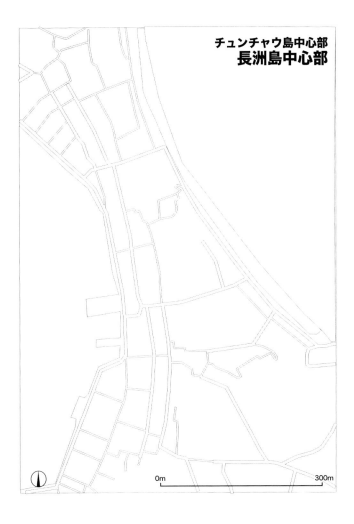

【白地図】ラマ島南丫島

CHINA
香港

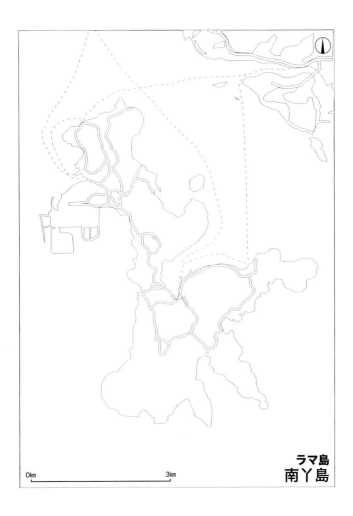

【まちごとチャイナ】
香港 001 はじめての香港
香港 002 中環と香港島北岸
香港 003 上環と香港島南岸
香港 004 尖沙咀と九龍市街
香港 005 九龍城と九龍郊外
香港 006 新界
香港 007 ランタオ島と島嶼部

CHINA
香港

　ランタオ島(大嶼山)や南丫島をはじめとして、230あまりの島々が浮かぶ香港の海。この香港島嶼部では開発の進んだ香港島や九龍と違って、手のつけられていない亜熱帯の自然が広がり、美しい海岸線が続いている。

　これらの島々は、数百年前から水上居民が生活の場としたところで、清代には中国東南部の海域を跋扈した海賊の根拠地もおかれていた(現在でも大澳には水上家屋で暮らす人々がいる)。1898年の新界租借条約が結ばれると島嶼部も香港に組み込まれて新界の一部となり、イギリス領として1997年

ランタオ島
Lantau Island
天壇大佛と「洋上の島々」

の香港返還を迎えた。

　長いあいだ香港の開発は、香港島と九龍を中心に行なわれてきたが、20世紀末から島嶼部も開発が進むようになった。ランタオ島先の赤鱲角に香港の「空の玄関口」となる空港がつくられ、香港ディズニーランドも開園した。また都市部の喧噪から離れ、癒しと楽園を求めて島嶼部を訪れる人々の姿がある。

【まちごとチャイナ】

香港 007 ランタオ島と島嶼部

CHINA
香港

目次

ランタオ島と島嶼部 …………………………………………xxvi

静かな時間が流れる島 ………………………………………xxxii

大嶼山城市案内………………………………………………xxxix

昂坪城市案内……………………………………………………li

大澳城市案内 …………………………………………………lxi

続大嶼山城市案内 …………………………………………lxviii

長洲島城市案内 ……………………………………………lxxix

南丫島城市案内 ……………………………………………lxxxvii

亜熱帯の自然と海賊と ………………………………………xciii

【MEMO】

【地図】香港

【地図】香港の［★★☆］
- ☐ 大嶼山 Lantau Island ランタオ島
- ☐ 大澳 Tai O タイオー

【地図】香港の［★☆☆］
- ☐ 香港國際機場 Hong Kong International Airport 香港国際空港
- ☐ 昂坪 Ngong Ping ゴンピン
- ☐ 香港迪士尼樂園 Hong Kong Disneyland 香港ディズニーランド

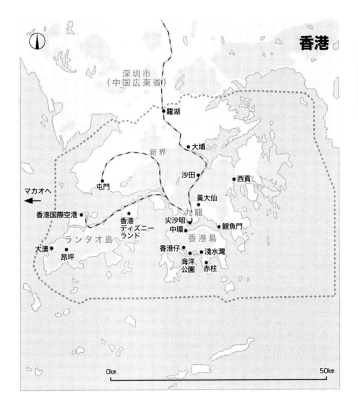

静かな時間が流れる島

CHINA
香港

亜熱帯の洋上に浮かぶ島々
香港最大の島であるランタオ島はじめ
美しい自然を残す島が点在する

南海に浮かぶいくつもの島

大小230あまりの島々から構成される香港島嶼部(先に割譲された香港島と九龍沖の昂船洲はのぞかれる)。香港の島で最大面積をもち巨大な野外大仏が見られるランタオ島、ヒトデのかたちをした長洲島などの島が知られ、香港島や九龍と違って静かな時間が流れている。これら島嶼部では南国の陽射しを受けながら、美しい浜辺でマリン・スポーツを楽しんだり、地元の海鮮料理を味わうことができる。

▲左 水上に杭を打って家屋としている。 ▲右 簡素な店舗、市街部とはまるで異なるつくり

香港の玄関口

九龍市街地にあった香港国際空港(香港國際機場)が、1998年にランタオ島沖の赤鱲角に移されたことで、ランタオ島は香港の空の玄関口となった。この香港国際空港は世界各都市と香港を結ぶ東アジア最大のハブ空港となっていて、利便性、機能性、快適性などから世界的に高い評価を得ている。機場快綫(エアポート・エクスプレス)が空港と九龍市街、香港島を結び、九龍駅や香港駅にもチェックイン機能を備えることから、手荷物をそこであずけることもできる。

CHINA
香港

▲左 のどかな時間が流れる。 ▲右 魚介類を売る店がならぶ、大澳にて

水上居民の生活

ランタオ島西部の大澳では、水上家屋に暮らす人々の姿が今でも見られ、水上居民は香港、広東省や福建省、東南アジアから日本にいたるまでの広い地域で確認できる（昭和初期まで西日本には家船と呼ばれる人々がいた）。陸上を追われたのか、自ら進んで水上に繰り出したのか定かではないが、19世紀にこの地を訪れたイギリスに「ホンコン（香港仔をさして）」と伝えたのも水上居民だったという。

【MEMO】

【地図】ランタオ島と島嶼部

【地図】ランタオ島と島嶼部の［★★★］
- ☐ 大嶼山 Lantau Island ランタオ島
- ☐ 大澳 Tai O タイオー

【地図】ランタオ島と島嶼部の［★★☆］
- ☐ 香港國際機場 Hong Kong International Airport 香港国際空港
- ☐ 昂坪 Ngong Ping ゴンピン
- ☐ 香港迪士尼樂園 Hong Kong Disneyland 香港ディズニーランド
- ☐ 長洲島 Cheung Chau Island チュンチャウ島
- ☐ 南丫島 Lamma Island ラマ島

【地図】ランタオ島と島嶼部の［★☆☆］
- ☐ 亞洲國際博覽館 Asia World-Expo アジア・ワールドエキスポ
- ☐ 東湧 Tung Chung トンチュン
- ☐ 鳳凰山 Lantau Peak ランタオ・ピーク
- ☐ 大東山 Sunset Peak サンセット・ピーク
- ☐ 梅窩 Mui Wo ムイウォ

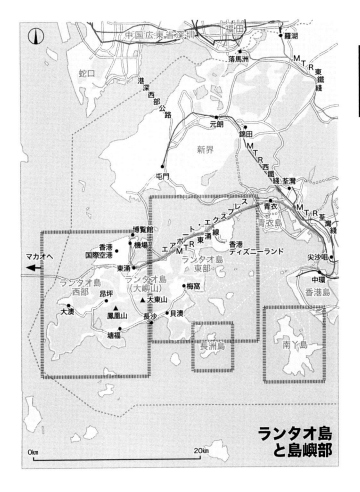

【MEMO】

**Guide,
Lantau Island**
大嶼山
城市案内

香港島の西部に広がる香港最大の島、ランタオ島
香港国際空港が位置するほか
美しい海岸線が見られる

大嶼山 Lantau Island ランタオ島 [★★★]

香港の島々のなかでも最大面積をもつランタオ島。亜熱帯性の樹木が生い茂り、島の中央を東西に走る山稜のなかには鳳凰山（標高934m）がそびえる。この島は20世紀末になるまでほとんど手つかずの自然が残されてきたが、世界最大規模の野外仏の天壇大佛が建立され、香港ディズニーランドが開園するなど開発が進められるようになった。

CHINA
香港

赤鱲角 Chek Lap Kok チェクラップコク ［★☆☆］
香港国際空港があることから香港の「空の玄関口」となっている赤鱲角。かつて赤鱲角はランタオ島の北に浮かぶ島だったが、埋め立てられて今ではランタオ島とつながっている。

香港國際機場
Hong Kong International Airport 香港国際空港 ［★★☆］
1998年に開港した香港の空の玄関口、香港国際空港。利便性や快適性から世界でも有数の空港にあげられ、日本、中国、ヨーロッパなど世界各地の飛行機が発着する東アジアのハブ

▲左　空の窓口、香港国際空港はランタオ島沖に位置する。　▲右　山を崩し、その土砂で土地を広げてきた

空港となっている。限られた土地しかもたない香港では、この空港の建設にあたって、大規模な埋め立てが行なわれ、そして完成した（かつては九龍の住宅街の隙間をぬうようにして飛行機が着陸する啓徳空港が知られていた）。

香港航天城 SkyCity スカイシティ ［★☆☆］

香港国際空港の開港にともなって建設された香港航天城。ホテルやレストランなどを備え、各種ショップで買いものを楽しむこともできる。併設のスカイピアからは、マカオや珠江デルタ各地へのフェリーが運行している。

【地図】機場香港国際空港

【地図】機場香港国際空港の [★★☆]
- ☐ 香港國際機場 Hong Kong International Airport
  香港国際空港
- ☐ 昂坪 360 Ngong Ping 360 ゴンピン 360

【地図】機場香港国際空港の [★☆☆]
- ☐ 赤鱲角 Chek Lap Kok チェクラップコク
- ☐ 香港航天城 SkyCity スカイシティ
- ☐ 亞洲國際博覽館 Asia World-Expo
  アジア・ワールドエキスポ
- ☐ 東湧 Tung Chung トンチュン
- ☐ 東湧古城 Tung Chung Fort トンチュン・フォート
- ☐ 侯王宮 Hau Wong Temple ハウウォングン

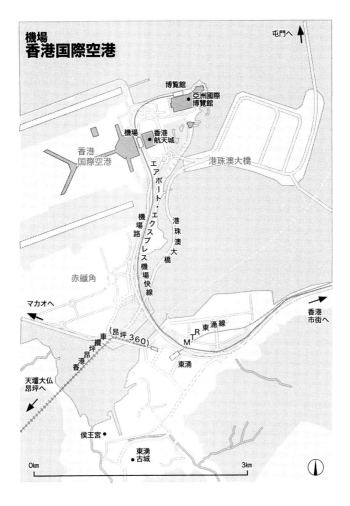

【地図】港珠澳大橋

【地図】港珠澳大橋の［★★★］
- ☐ 大嶼山 Lantau Island ランタオ島
- ☐ 大澳 Tai O タイオー

【地図】港珠澳大橋の［★★☆］
- ☐ 香港國際機場 Hong Kong International Airport 香港国際空港

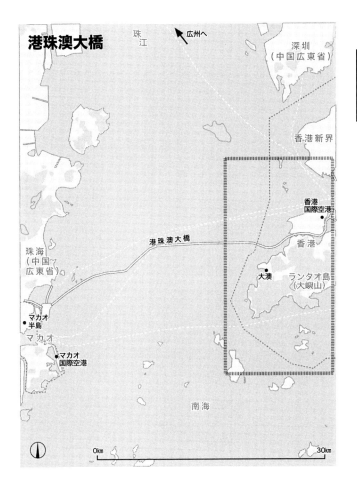

▲左　空港と東涌を結ぶバスの路線。　▲右　九龍、香港島へ続く機場快綫の駅にて

亞洲國際博覽館
Asia World-Expo アジア・ワールドエキスポ [★☆☆]

香港国際空港近くに立つ亞洲國際博覽館。アジアでも最大規模の展覧会場で、1年を通じてコンサートや展示会などが開催されている。

東湧 Tung Chung トンチュン [★☆☆]

ランタオ島の北岸、空港のある赤鱲角へ続く地点に位置する東湧。この地には明代から人が住んでいたと言われ、清代の城塞跡も残っている。20世紀末になって、空港の建設にと

【MEMO】

もに開発が進み、天壇大佛や寶蓮寺のある昂坪までケーブルカーが出ている。

東湧古城 Tung Chung Fort トンチュン・フォート [★☆☆]
清代から続く小さな嶺皮村に立つ東湧古城。香港沖で跳梁する海賊を討つために1832年に設置された6基の大砲が見られる。

▲左　空港の開港にあわせて東涌も開発が進んだ。　▲右　昂坪へと伸びるケーブルカー乗り場

侯王宮 Hau Wong Temple ハウウォングン ［★☆☆］

東湧灣をのぞむ高台に位置する侯王宮。侯王とは南宋の君臣である楊亮節のことで、モンゴル軍に都を追われた南宋の端宗を助けながら香港近くまで逃れてきた（都杭州から南方へ逃れた南宋は、マカオ近くの厓山の戦いで滅亡した）。最後まで主君に仕えた楊亮節は、その忠君ぶりをたたえられ、やがて信仰されるようになった。

Guide, Ngong Ping
昂坪城市案内

東湧から昂坪高原へ続くケーブルカー
山上には寶蓮寺や
巨大な天壇大佛が位置する

昂坪 Ngong Ping ゴンピン ［★★☆］

ランタオ島中央西部に広がる昂坪高原。頂上には巨大な天壇大佛のある寶蓮寺やテーマパーク昂坪 360 があり、麓の東湧からケーブルカーが伸びている。

昂坪 360 Ngong Ping 360 ゴンピン 360 ［★★☆］

昂坪 360 は、大嶼山の雄大な眺めが楽しめるケーブルカーを中心にしたテーマパーク。周囲には仏教にちなんだアトラクションや茶館、ハイキング・コースが整備されている。

【地図】ランタオ島西部の [★★★]
- ☐ 大嶼山 Lantau Island ランタオ島
- ☐ 大澳 Tai O タイオー

【地図】ランタオ島西部の [★★☆]
- ☐ 香港國際機場 Hong Kong International Airport 香港国際空港
- ☐ 昂坪 Ngong Ping ゴンピン
- ☐ 昂坪 360Ngong Ping 360 ゴンピン 360

【地図】ランタオ島西部の [★☆☆]
- ☐ 亞洲國際博覽館 Asia World-Expo アジア・ワールドエキスポ
- ☐ 東湧 Tung Chung トンチュン
- ☐ 鳳凰山 Lantau Peak ランタオ・ピーク
- ☐ 大東山 Sunset Peak サンセット・ピーク

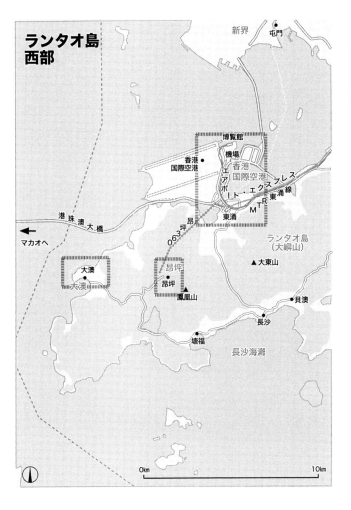

【地図】ゴンピン昂坪

【地図】ゴンピン昂坪の [★★☆]
- ☐ 昂坪 Ngong Ping ゴンピン
- ☐ 昂坪 360 Ngong Ping 360 ゴンピン 360
- ☐ 天壇大佛 Giant Buddha ジャイアント・ブッダ

【地図】ゴンピン昂坪の [★☆☆]
- ☐ 寶蓮寺 Po Lin Monastery ポーリン・モナステリー
- ☐ 心經簡林 Wisdom Path ハート・スートラ

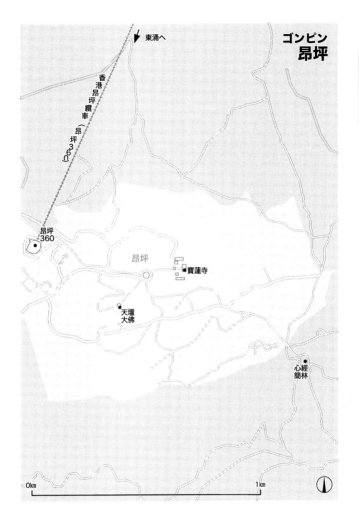

▲左 かつて皇帝が天への祭祀を行なった場所を天壇と呼んだ。　▲右 精進料理でも知られる寶蓮寺

寶蓮寺 Po Lin Monastery ポーリン・モナステリー［★☆☆］

寶蓮寺は、標高520mの昂坪高原に立つ禅寺。19世紀に仏教僧がこのあたりを住処とし、やがて1924年に寶蓮寺が建立された。この寺では精進料理を食べることができ、油を多く使った中華料理とは違ってあっさりとしたものとなっている。

天壇大佛 Giant Buddha ジャイアント・ブッダ［★★☆］

天壇大佛はランタオ島を象徴する巨大な野外大仏で、天をまつる祭壇からさらに268段の石段を登ったところに位置す

【MEMO】

▲左 巨大な大仏が鎮座する。 ▲右 天をまつる天壇とそこから大仏へ続く階段

る。1993年に開眼されたこの大仏は、高さ34m、台座を含む重さは250tにもなり、ここからランタオ島の美しい自然が見られる。

心經簡林 Wisdom Path ハート・スートラ ［★☆☆］

仏教徒が瞑想を行なう場所として整備された心經簡林。般若心経が刻まれた38本の丸太が、8の字に配置されており、それは無限を意味するのだという。

【MEMO】

Guide, Tai O
大澳
城市案内

ランタオ島西部に位置する大澳
そこでは水上家屋で生活する人々など
昔ながらの漁村の風景が広がる

大澳 Tai O タイオー［★★★］

ランタオ島西端の入り組んだ地形にひっそりとたたずむ漁村、大澳。ここではイギリス統治がはじまるはるか昔から、漁業や交易を行なう水上居民の暮らしがあり、今でも岸辺に立つ棚屋（水上に建てられた家屋）が見られる。かつては香港島でも水上居民が暮らしていたが、香港の発展とともに陸地で生活するようになった。そのため、大澳の光景はイギリス入植以前の香港を思わせる。

【地図】タイオー大澳

【地図】タイオー大澳の [★★★]
- ☐ 大澳 Tai O タイオー

【地図】タイオー大澳の [★★☆]
- ☐ 大澳永安街 Tai O Wing On Street
  タイオーウィンオン・ストリート

【地図】タイオー大澳の [★☆☆]
- ☐ 棚屋 Stilt Houses スティルト・ハウス
- ☐ 吉慶街 Kat Hing Street カッヒン・ストリート
- ☐ 前大澳警察署 Former Tai O Police Station
  前タイオー警察署

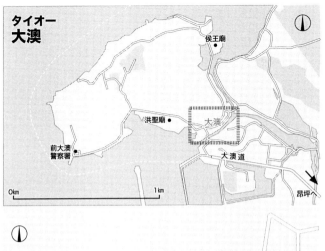
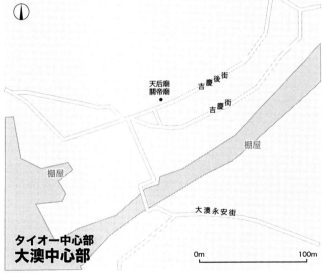

CHINA
香港

▲左 イギリス植民以前の香港の面影を残す大澳。 ▲右 ランタオ島のバス停、本数は多くない

大澳永安街 Tai O Wing On Street
タイオーウィンオン・ストリート [★★☆]

大澳でもっともにぎわう通りが大澳永安街。近くの海で陸揚げされた海産物がならび、海鮮料理を出す店も見られる。地元の漁民のあいだでは、魚を塩漬けにして保存し、それを食する習慣が受け継がれてきた。

【MEMO】

CHINA
香港

棚屋 Stilt Houses スティルト・ハウス [★☆☆]
棚屋は、海に面した入江に建てられた水上家屋。海岸近くの海に杭をうち、その上に簡単な床と囲いをめぐらせ屋根が載せてある。水上家屋には、大澳で見られる棚屋のほかに、ならべた木の板を水辺に浮かべるいかだ式家屋（満干時の水位の上昇下降に適している）、移動に適した船に居住するといったものがある。

▲左　通りにならぶ干物、漁村らしい光景。　▲右　海の守り神をまつる天后廟

吉慶街 Kat Hing Street カッヒン・ストリート ［★☆☆］

大澳永安街の対岸にある吉慶街。細い路地に民家がならび、近くには關帝廟や天后廟などが立つ。

前大澳警察署
Former Tai O Police Station 前タイオー警察署 ［★☆☆］

1902年に建てられた前大澳警察署は、ランタオ島に残るもっとも古いイギリス統治時代の建築。海賊の出没するこのあたりの治安のとり締まりを行なっていた。

Guide, Lantau Island 2
続大嶼山城市案内

CHINA 香港

ランタオ島の中央を山稜が東西に走り
その南側に広がる美しい砂浜
香港ディズニーランドへ向かう人々の姿もある

鳳凰山 Lantau Peak ランタオ・ピーク ［★☆☆］

大帽山についで香港で2番目に高い標高934mの鳳凰山。鳳凰山の南斜面には南大嶼郊野公園が広がり、人の手が入っていない南国の大自然を感じられる。また近くの石壁水塘近郊の眺めもすばらしい。

大東山 Sunset Peak サンセット・ピーク ［★☆☆］

鳳凰山の東側にならぶようにそびえる大東山（サンセット・ピーク）。大帽山、鳳凰山に続く香港第3位の標高869mの高さを誇る。

続大嶼山城市案内 Lantau island

大嶼山南の海岸部

大嶼山南側の長沙海灘に面して、美しいビーチが続いている。ちょうど鳳凰山の南に位置するのが塘福で、その東に長沙、貝澳と続く。白くきれいな砂浜では、香港島や九龍から休暇に訪れる人々の姿がある。

梅窩 Mui Wo ムイウォ［★☆☆］

香港島中環とランタオ島を結ぶフェリーが発着する梅窩は、島の東側の玄関口になっている。16世紀の明代から農民が住んでいたことが知られ、19世紀、近くの鉱山から銀が採

【地図】ランタオ島東部の ［★★★］
- ☐ 大嶼山 Lantau Island ランタオ島

【地図】ランタオ島東部の ［★★☆］
- ☐ 香港迪士尼樂園 Hong Kong Disneyland 香港ディズニーランド
- ☐ 香港國際機場 Hong Kong International Airport 香港国際空港
- ☐ 長洲島 Cheung Chau Island チュンチャウ島

【地図】ランタオ島東部の ［★☆☆］
- ☐ 大東山 Sunset Peak サンセット・ピーク
- ☐ 梅窩 Mui Wo ムイウォ
- ☐ 銀鑛灣 Silver Mine Bay シルバー・マイン・ベイ
- ☐ 愉景灣 Discovery Bay ディスカバリー・ベイ
- ☐ 坪洲島 Peng Chau Island ペンチャウ島
- ☐ 熙篤會神樂院 Trappist Monastery トラピスト修道院

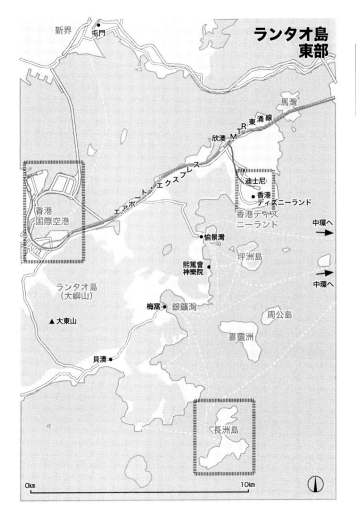

取されるようになると、労働者でにぎわうようになった。

銀鑛灣 Silver Mine Bay シルバー・マイン・ベイ ［★☆☆］
梅窩の東側に広がる銀鑛灣。近くで銀が採れ、この港から運び出されたところから、銀鑛灣という名前がつけられた。

愉景灣 Discovery Bay ディスカバリー・ベイ ［★☆☆］
愉景灣はランタオ島東部につくられたニュータウン。高層マンションやショッピング・モールが立ちならぶ。

▲左　ケーブルカーはランタオ島の貴重な交通手段でもある。　▲右　豊かな自然に彩られた鳳凰山

坪洲島 Peng Chau Island ベンチャウ島 [★☆☆]

ランタオ島の東に浮かぶ周囲4km程度の小さな島、坪洲島。ここには潮州系の漁民が多く暮らす。またこの島の珊瑚や牡蠣の殻を用いた石炭は、唐代から知られていたという。

熙篤會神樂院 Trappist Monastery トラピスト修道院 [★☆☆]

熙篤會神樂院は、坪洲島の対岸、ランタオ島の丘に立つローマ・カトリック教会。20世紀半ば、中国本土の混乱を避けるためにこの地に逃れてきた人々によって建てられた。坪洲島を経由して訪れることができる。

CHINA
香港

香港迪士尼樂園
Hong Kong Disneyland 香港ディズニーランド [★★☆]

2005年にオープンした香港ディズニーランド。園内に風水をとりいれていることや広東料理が味わえることで知られる。20世紀初頭のアメリカの街並みが復元された美國小鎮大街（メインストリート U.S.A.）、「イッツ・ア・スモール・ワールド」がある幻想世界（ファンタジーランド）、森や自然を大冒険できる探險世界（アドベンチャーランド）、未来をモチーフにした明日世界（トゥモローランド）などのアトラクションが楽しめる。

【MEMO】

【地図】迪士尼香港ディズニーランドの [★★☆]

- 香港迪士尼樂園 Hong Kong Disneyland
  香港ディズニーランド

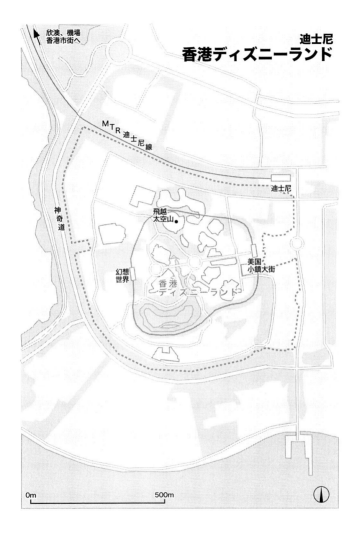

Guide, Cheung Chau Island
長洲島城市案内

ランタオ島南東に浮かぶ長洲島
ヒトデのような特徴的なかたちをした島で
古い漁民の伝統が今も息づく

長洲島 Cheung Chau Island チュンチャウ島 ［★★☆］

香港島の南西17kmの南海に浮かぶ面積約2.3k㎡の小さな島、長洲島。南北ふたつの岩山が砂洲でつながった特徴的なかたちをしていて、もっともくびれたところでは東西わずか200m程度の距離しかない。この島は清代、南海一帯に猛威をふるった海賊、張保仔が拠点としたところで、その住処が残っている。数百年来続く、昔ながらの漁村のたたずまいをしていて、島には自動車がないことから、ゆったりとした静かな時間が流れる。

【地図】チュンチャウ島長洲島の ［★★☆］
- [ ] 長洲島 Cheung Chau Island チュンチャウ島

【地図】チュンチャウ島長洲島の ［★☆☆］
- [ ] 海傍街 Hoi Pong Street ホイポン・ストリート
- [ ] 東灣 Tung Wan チュンワン
- [ ] 北帝廟 Pak Tai Temple パッタイミュウ
- [ ] 關公忠義亭 Kwang Kung Pavilion クワンクンミュウ
- [ ] 張保仔洞 Cheung Po Tsai Cave チョンポウチャイ・ケーブ

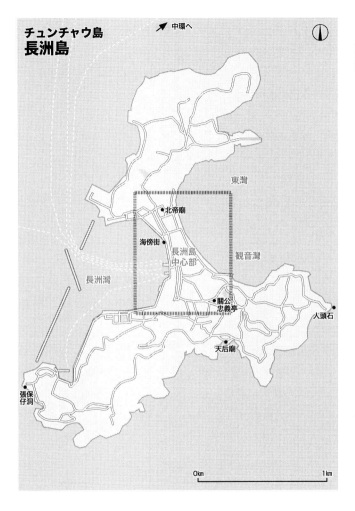

【地図】チュンチャウ島中心部長洲島中心部

【地図】チュンチャウ島中心部長洲島中心部の [★★☆]
- ☐ 長洲島 Cheung Chau Island チュンチャウ島

【地図】チュンチャウ島中心部長洲島中心部の [★☆☆]
- ☐ 海傍街 Hoi Pong Street ホイポン・ストリート
- ☐ 東灣 Tung Wan チュンワン
- ☐ 北帝廟 Pak Tai Temple パッタイミュウ

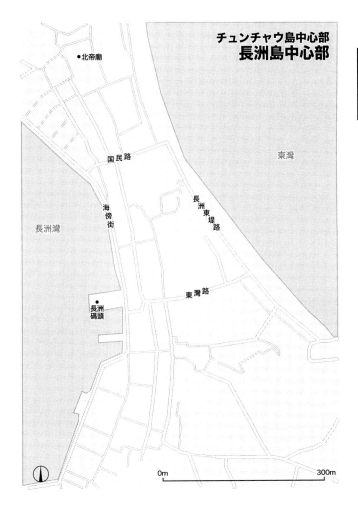

海傍街 Hoi Pong Street ホイポン・ストリート ［★☆☆］

長洲灣に沿うように続く通り、海傍街。ここには食堂、土産売り場などがならび、1本なかに入れば、細い路地で営業する海鮮料理店も見られる。

東灣 Tung Wan チュンワン ［★☆☆］

長洲島東岸に広がる東灣。美しい砂浜は香港でも人気が高く、対岸に香港島を見ることができる。東灣の南にはアフタヌーン・ベイの異名をとる観音灣が続く。

▲左　長洲島はじめ各地への船が出る中環。　▲右　島嶼部では新鮮な魚を食べることができる

北帝廟 Pak Tai Temple パッタイミュウ［★☆☆］

北帝廟は中国神話の王、北帝をまつる道教寺院。1783年に建てられた歴史があり、廟内には宋代の剣が飾られている。この廟では毎年4～5月ごろに饅頭祭りが行なわれ、饅頭が振る舞われるほか、山車や獅子舞、龍が出てにぎわう。

關公忠義亭 Kwang Kung Pavilion クワンクンミュウ［★☆☆］

『三国志』の英雄関羽をまつった關公忠義亭。関羽は武の神様、商売の神様などして信仰され、その廟は中国各地で見られる。1973年に建造された。

CHINA
香港

張保仔洞
Cheung Po Tsai Cave チョンポウチャイ・ケーブ［★☆☆］
長洲島の西の岬にある小さな洞窟、張保仔洞。ここは19世紀初頭、ジャンク船600隻、家来4万人を従えた海賊の棟梁、張保仔が住処としたところで、香港を拠点に広東省、福建省の海岸部を荒らしてまわった（張保仔は掠奪、収奪を繰り返す一方で、貧しい人々に食料をわけ与えたことから民衆の人気は高かった）。張保仔洞は、香港島の赤柱、南丫島などにもあり、張保仔の隠した財宝が眠っているという。

Guide,
Lamma Island
南丫島
城市案内

香港島の南西に浮かぶ南丫島
パパイヤやバナナなど亜熱帯の樹木が茂り
ゆったりとした時間が流れている

南丫島 Lamma Island ラマ島 ［★★☆］

香港島の南西に浮かぶ南丫島は、離島のなかではランタオ島につぐ面積をもち、のんびりとした南国の景色が広がる。北西の榕樹灣と島中部の索罟灣が街の中心でふたつの村はハイキング・コースで結ばれている。この南丫島に人類が住み着いたのは、数千年前にさかのぼると言われ、深灣はじめ各所に新石器時代の遺跡が残っている。また榕樹灣に見える発電所の煙突は、もともと2本だったが風水上の理由から1本追加されて3本になったという香港らしい話も知られる。

【地図】ラマ島南丫島の ［★★☆］
- [ ] 南丫島 Lamma Island ラマ島

【地図】ラマ島南丫島の ［★☆☆］
- [ ] 榕樹灣 Yung Shue Wan ヤンシューワン
- [ ] 索罟灣 Sok Kwu Wan ソックーワン
- [ ] 漁民文化村 Fisherfork's Village フィッシャーフォークス・ヴィレッジ

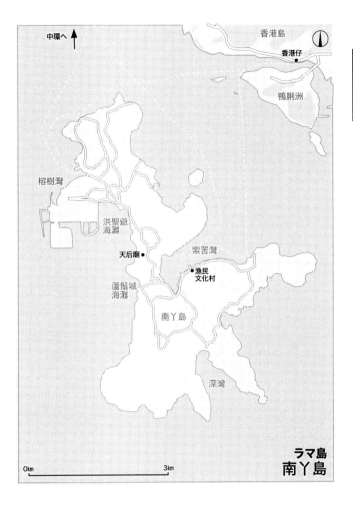

榕樹灣 Yung Shue Wan ヤンシューワン ［★☆☆］

島北西の榕樹灣付近は、中環や香港仔からの船が到着し、南丫島でも一番のにぎわいを見せるところ。このあたりの海で陸揚げされた海鮮料理を出す店のほか、西洋料理店も多い。榕樹灣の南側には洪聖爺海灘、さらにその南側に蘆鬚城海灘などのビーチが広がる。

索罟灣 Sok Kwu Wan ソックーワン ［★☆☆］

南丫島中部、大きく入り組んだ索罟灣（英語名でピクニック・ベイと呼ばれる）。漁民文化村があるほか、海鮮料理店がな

▲左　路上で魚が干してあった。　▲右　ヴィクトリア・ピークから見た南丫島

らび、このあたりでとれたエビなどが調理される。

漁民文化村 Fisherfork's Village
フィッシャーフォークス・ヴィレッジ ［★☆☆］

索罟灣の浮き島につくられた漁民文化村。ここでは近年まで香港各地で見られた水上生活者の暮らしぶりや、漁民の民俗模様、文化などの展示が見られる。

亜熱帯の自然と海賊と

北京や西安から見てはるか彼方に位置する南海
ここでは王朝の管理の行き届かない人々
また北方とはまるで異なる風土が存在していた

海賊の根拠地

19世紀初頭の清の時代、長洲島を拠点に南海で勢力を広げた張保仔。4万人の家来を従えていたと言われ、その巨大な力は伝説になっている。中国東南海域ではこうした王朝の権力のおよばない海賊は倭寇として知られ、海上の密貿易を行なって莫大な利益をあげてきた。倭寇のなかには時代によって日本人や中国人など多様な人々が見られたが、ときには漁民が海賊的行為を行なったという一面もある。とくに有名な倭寇として、1543年の種子島の鉄炮伝来の場にもいあわせた王直（海南島を拠点）、中国人の父と日本人の母をもち、

CHINA
香港

明滅亡後も清朝に抵抗した鄭成功（厦門や台湾などを拠点）が知られる。香港新界に客家の人々が多く暮らすのは、鄭成功の力をそぐために沿海の住民を内陸部に移住させてこの地を無人化し、その後、客家（客籍農民）を新界に移住させたためだとされる。

香港の気候

北回帰線の南に位置する香港は、亜熱帯性の気候をもち、冬でも平均気温が10度を下まわらない（夏至に太陽が直角に照らすのが北回帰線）。また6～8月の雨期には亜熱帯性の

Lantauisland 亜熱帯の自然と海賊と

▲左 南海に浮かぶ島々が続く。 ▲右 島嶼部では都市部と異なる生活模様が見られる

集中豪雨を受けることも多く、台風が直撃することもしばしばある。こうしたところから香港の年間降雨量は2000mm以上で、香港島の南側や島嶼部などでは、群生する亜熱帯性の灌木が見られる。

参考文献

_____

『香港』(中嶋嶺雄 / 時事通信社)

『香港の水上居民』(可児弘明 / 岩波書店)

『香港の漁村における竜舟祭祀とその運営組織 -- 大嶼山と大澳と東涌の事例報告』(比嘉政夫 / 琉球大学法文学部紀要)

『香港・長洲島 水上居民の正月』(中城 正尭 / 季刊民族学)

『世界大百科事典』(平凡社)

[PDF] 香港空港案内 http://machigotopub.com/pdf/hongkongairport.pdf

[PDF] 香港 MTR (地下鉄) 路線図 http://machigotopub.com/pdf/hongkongmetro.pdf

[PDF] 地下鉄で「香港めぐり」http://machigotopub.com/pdf/metrowalkhongkong.pdf

[PDF] 香港トラム路線図 http://machigotopub.com/pdf/hongkongtram.pdf

[PDF] 香港軽鉄路線図 http://machigotopub.com/pdf/hongkonglrt.pdf

まちごとパブリッシングの旅行ガイド
Machigoto INDIA , Machigoto ASIA , Machigoto CHINA

【北インド - まちごとインド】

001 はじめての北インド
002 はじめてのデリー
003 オールド・デリー
004 ニュー・デリー
005 南デリー
012 アーグラ
013 ファテープル・シークリー
014 バラナシ
015 サールナート
022 カージュラホ
032 アムリトサル

【西インド - まちごとインド】

001 はじめてのラジャスタン
002 ジャイプル
003 ジョードプル
004 ジャイサルメール
005 ウダイプル
006 アジメール（プシュカル）
007 ビカネール
008 シェカワティ
011 はじめてのマハラシュトラ
012 ムンバイ
013 プネー
014 アウランガバード
015 エローラ
016 アジャンタ
021 はじめてのグジャラート
022 アーメダバード
023 ヴァドダラー（チャンパネール）
024 ブジ（カッチ地方）

【東インド - まちごとインド】

002 コルカタ
012 ブッダガヤ

【南インド - まちごとインド】

001 はじめてのタミルナードゥ
002 チェンナイ
003 カーンチプラム
004 マハーバリプラム
005 タンジャヴール
006 クンバコナムとカーヴェリー・デルタ
007 ティルチラパッリ
008 マドゥライ
009 ラーメシュワラム
010 カニャークマリ
021 はじめてのケーララ
022 ティルヴァナンタプラム
023 バックウォーター（コッラム～アラップーザ）
024 コーチ（コーチン）
025 トリシュール

【ネパール - まちごとアジア】

001 はじめてのカトマンズ
002 カトマンズ
003 スワヤンブナート

004 パタン
005 バクタプル
006 ポカラ
007 ルンビニ
008 チトワン国立公園

【バングラデシュ - まちごとアジア】

001 はじめてのバングラデシュ
002 ダッカ
003 バゲルハット（クルナ）
004 シュンドルボン
005 プティア
006 モハスタン（ボグラ）
007 パハルプール

【パキスタン - まちごとアジア】

002 フンザ
003 ギルギット（KKH）
004 ラホール
005 ハラッパ
006 ムルタン

【イラン - まちごとアジア】

001 はじめてのイラン
002 テヘラン
003 イスファハン
004 シーラーズ
005 ペルセポリス
006 パサルガダエ（ナグシェ・ロスタム）
007 ヤズド
008 チョガ・ザンビル（アフヴァーズ）
009 タブリーズ

010 アルダビール

【北京 - まちごとチャイナ】

001 はじめての北京
002 故宮（天安門広場）
003 胡同と旧皇城
004 天壇と旧崇文区
005 瑠璃廠と旧宣武区
006 王府井と市街東部
007 北京動物園と市街西部
008 頤和園と西山
009 盧溝橋と周口店
010 万里の長城と明十三陵

【天津 - まちごとチャイナ】

001 はじめての天津
002 天津市街
003 浜海新区と市街南部
004 薊県と清東陵

【上海 - まちごとチャイナ】

001 はじめての上海
002 浦東新区
003 外灘と南京東路
004 淮海路と市街西部
005 虹口と市街北部
006 上海郊外（龍華・七宝・松江・嘉定）
007 水郷地帯（朱家角・周荘・同里・甪直）

【河北省 - まちごとチャイナ】

001 はじめての河北省
002 石家荘
003 秦皇島
004 承徳
005 張家口
006 保定
007 邯鄲

【江蘇省 - まちごとチャイナ】

001 はじめての江蘇省
002 はじめての蘇州
003 蘇州旧城
004 蘇州郊外と開発区
005 無錫
006 揚州
007 鎮江
008 はじめての南京
009 南京旧城
010 南京紫金山と下関
011 雨花台と南京郊外・開発区
012 徐州

【浙江省 - まちごとチャイナ】

001 はじめての浙江省
002 はじめての杭州
003 西湖と山林杭州
004 杭州旧城と開発区
005 紹興
006 はじめての寧波
007 寧波旧城
008 寧波郊外と開発区
009 普陀山
010 天台山
011 温州

【福建省 - まちごとチャイナ】

001 はじめての福建省
002 はじめての福州
003 福州旧城
004 福州郊外と開発区
005 武夷山
006 泉州
007 厦門
008 客家土楼

【広東省 - まちごとチャイナ】

001 はじめての広東省
002 はじめての広州
003 広州古城
004 天河と広州郊外
005 深圳(深セン)
006 東莞
007 開平(江門)
008 韶関
009 はじめての潮汕
010 潮州
011 汕頭

【遼寧省 - まちごとチャイナ】

001 はじめての遼寧省
002 はじめての大連
003 大連市街
004 旅順
005 金州新区

006 はじめての瀋陽
007 瀋陽故宮と旧市街
008 瀋陽駅と市街地
009 北陵と瀋陽郊外
010 撫順

【重慶 - まちごとチャイナ】

001 はじめての重慶
002 重慶市街
003 三峡下り（重慶〜宜昌）
004 大足

【香港 - まちごとチャイナ】

001 はじめての香港
002 中環と香港島北岸
003 上環と香港島南岸
004 尖沙咀と九龍市街
005 九龍城と九龍郊外
006 新界
007 ランタオ島と島嶼部

【マカオ - まちごとチャイナ】

001 はじめてのマカオ
002 セナド広場とマカオ中心部
003 媽閣廟とマカオ半島南部
004 東望洋山とマカオ半島北部
005 新口岸とタイパ・コロアン

【Juo-Mujin（電子書籍のみ）】

Juo-Mujin 香港縦横無尽
Juo-Mujin 北京縦横無尽
Juo-Mujin 上海縦横無尽

【自力旅游中国 Tabisuru CHINA】

001 バスに揺られて「自力で長城」
002 バスに揺られて「自力で石家荘」
003 バスに揺られて「自力で承徳」
004 船に揺られて「自力で普陀山」
005 バスに揺られて「自力で天台山」
006 バスに揺られて「自力で秦皇島」
007 バスに揺られて「自力で張家口」
008 バスに揺られて「自力で邯鄲」
009 バスに揺られて「自力で保定」
010 バスに揺られて「自力で清東陵」
011 バスに揺られて「自力で潮州」
012 バスに揺られて「自力で汕頭」
013 バスに揺られて「自力で温州」

【車輪はつばさ】
南インドのアイラヴァテシュワラ寺院には建築本体に車輪がついていて寺院に乗った神さまが人びとの想いを運ぶと言います。

・本書はオンデマンド印刷で作成されています。
・本書の内容に関するご意見、お問い合わせは、発行元の
　まちごとパブリッシング info@machigotopub.com までお願いします。

まちごとチャイナ
香港007ランタオ島と島嶼部
～天壇大佛と「洋上の島々」［モノクロノートブック版］

2017年11月14日　発行

著　者	「アジア城市（まち）案内」制作委員会
発行者	赤松　耕次
発行所	まちごとパブリッシング株式会社
	〒181-0013　東京都三鷹市下連雀4-4-36
	URL http://www.machigotopub.com/
発売元	株式会社デジタルパブリッシングサービス
	〒162-0812　東京都新宿区西五軒町11-13
	清水ビル3F
印刷・製本	株式会社デジタルパブリッシングサービス
	URL http://www.d-pub.co.jp/

MP109

ISBN978-4-86143-243-9 C0326　　　Printed in Japan
本書の無断複製複写（コピー）は、著作権法上での例外を除き、禁じられています。